Original Spreewälder

Gurkenrezepte

zusammgestellt von
Küchenmeister
Karl-Heinz Starick

3. Auflage 2012

Inhalte & Herausgeber: Karl-Heinz Starick, Lehde
Repro, Druck und Herstellung: REGIA Verlag, Cottbus

Bildnachweis: Hotelanlage Starick, Spreewald Marketing Service, Fotolia, Klaus Zinnecker

ISBN 978-3-86929-117-8

Inhaltsverzeichnis

Das Gurkenmuseum in Lehde

Seit dem 16. Jahrhundert werden in und um Lübbenau Gurken angebaut. Die damaligen Standesherren, die Grafen von der Schulenburg, sehen auf Reisen in die Niederlande, wie man Tuche herstellt, halten das Gewebe für brauchbar zum Füllen heimischer Kassen, holen flämische Tuchmacher hierher. Die bemerken, wie fruchtbar Lübbenauer Boden ist. Wie geschaffen für das Gemüse, das sie von daheim kennen: Gurken. Und die bauen die Flamen und die Einheimischen natürlich an. Bald sind es so viele, dass man sie exportieren kann. Beispielsweise nach Berlin. Auf der Spree. Acht Tage dauert das seinerzeit.

Viele Gurken werden nach der Gärung hohl. 1874 ersinnt der Potsdamer Kaufmann Albert Schulz, selbstverständlich ein gebürtiger Lübbenauer, dass man das verhindern kann, indem man die Gurken vor dem Einlegen ansticht. Mit dem Anbau geht es weiter aufwärts. Und mit der Eisenbahn und auf besseren Straßen wird der Absatz beschleunigt. Als schließlich 1932 die ersten Sterilkonserven (Glas- und Büchsenware) auf den Markt gelangen, bedeutet dies einen erneuten kräftigen Schub für die Produktion.

Für Theodor Fontane ist die „Garten- und Gärtnerstadt" Lübbenau das „Vaterland der sauren Gurken". Sie haben es ihm dermaßen angetan, dass er sie noch Jahrzehnte nach seinem Besuch in der Hauptstadt des Spreewaldes jährlich ein Fässchen von diesem Gemüse nach Berlin schicken lässt.

Was liegt näher, als sich im Land der Gurken auch in einem Museum der Früchte anzunehmen? Zumal es andernorts keine vergleichbare Einrichtung gibt.

In diesem Museum ist zu sehen wie die Bauern über Generationen das aufgekaufte Gemüse einlegten.

Gurkeneinlegerei um 1900

Sortieren der Gurkenernte

Die großen Eichen- und Buchenfässer, die bis zu dreieinhalb Tonnen Gurken fassen, die Halben, die Viertelchen sind so untergebracht wie es die alten Lehdschen in Erinnerung haben. Die Gurken wurden mit dem Kahn angeliefert, gewogen, gewaschen, gestichelt und in den Fässern in Salzlake eingelegt. Milchsäuregärung konserviert die Früchte. So wurden sie haltbar. Im Winter nahm man die Gurken aus den Behältern, wässerte sie und legte sie in den entsprechenden Gewürzlaken ein. In den „Heringstonnen", Fässern von rund einem Zentner Fassungsvermögen, wurden die Gurken anschließend zum direkten Verkauf angeboten oder verschickt.
Die kleinen Fässer und Steintöpfe, die ebenfalls im Museum zu sehen sind, waren für „Schnellgurken" bestimmt. Die ersten Gurken wurden mit einer warmen Gewürztunke übergossen, damit die schnell „durch" waren und nach drei Tagen verkauft werden konnten. Diese Gurken brachten den Bauern das erste Geld von der neuen Ernte.

Natürlich hat jede Bauernfamilie auch selbst Gurken eingelegt und dafür ihre ganz speziellen Rezepte entwickelt.
Das schmeckt man noch heute! Im Museum lagern Fässer, die achtzig bis hundert Jahre alt sind. In dieser Vielfalt findet man solche Holzfässer nur noch hier. (Heute werden Gurken in Plaste- oder Stahlbehältern eingelegt.)

Um die Holzfässer keimfrei zu machen, erhitzte man Eisenkugeln bis zur Glut und warf diese Kugeln in die mit Wasser und einer Gewürzmischung gefüllten Gefäße. Um ein Durchbrennen der Fässer zu verhindern, wurden sie ständig gedreht. Der sich entwickelnde Dampf sterilisierte die Fässer. Die Heringstonnen wurden regelrecht „gebrüht", und die Praxis zeigte, in den so gesäuberten Fässern konnten die Gurken über eine längere Zeit aufbewahrt werden. Schließlich mußten sie ja auch von der einen bis zur nächsten Ernte reichen.

Verarbeiten von Gurken (nach 1900)

Gurkeneinlegerei Lübbenau

Die Gurken, die im Museum zu haben sind, werden nach altem Familienrezept aus der Zeit der Jahrhundertwende eingelegt. Probieren können die Besucher saure Gurken, Gewürz-, Senf-, Pfeffer- und Knoblauchgurken. Den Gästen, die selbst solche Gurken einlegen wollen, seien einige Rezepte verraten.

Saure Gurken:
Gurken über Nacht wässern, abbürsten, mit dünner Stricknadel mehrfach durchstechen.
Mit Dill, Estragon, Basilikum in Steintöpfe schichten. Wasser mit Salz aufkochen und heiß über die Gurken gießen. Gurken mit Teller und/oder Stein beschweren.
Gären lassen. Nach sechs bis zehn Tagen, wenn sich Blasen zeigen, Töpfe mit Tüchern zubinden
Auch Zwiebeln, Bohnenkraut, Weinlaub, Kirsch- und Nußblätter finden beim Einlegen der sauren Gurken Verwendung. So ziehen Nußblätter aus bitteren Gurken die Bitterstoffe.

Senfgurken:
Feste, gelbe Gurken schälen, halbieren, Kernfleisch mit einem Löffel ausschaben. Die Gurken in Streifen schneiden, mit Salz bestreuen und 24 Stunden kühlstellen. Die Flüssigkeit ablaufen lassen, die Gurkenstücke abtrocknen und mit Zwiebelscheiben, Meerrettichwürfeln, Senfkörnern, Dill und Estragon in Fässchen schichten. Mit erkalteter Essiglösung übergießen.

Gewürzgurken:
Kleine Gurken eine Stunde wässern, bürsten, abtropfen lassen, mit einer Nadel mehrfach einstechen. Mit Zwiebelscheiben, Meerrettichwürfeln und Dill in Gläser schichten. Erkaltete Essiglösung aufgießen.

Gutes Gelingen und guten Appetit!
Übrigens: Im Spreewald sind um die einhundertfünfzig verschiedene Gurkenrezepte bekannt.

Die Königsgurke

Es gibt im Spreewald so viel Gurkenrezepte wie es Bauernhöfe gab, etwa 120 - 150 verschiedene Rezepturen.
Jeder Bauer hatte sein eigenes Rezept und behauptete natürlich dass seine Gurken am besten schmecken.
Um nachzuweisen, dass es im Gurkenmuseum die schmackhaftesten Gurken gibt, mußte ein Beweis her. So entstand die Idee eine Königin, die „Gurkenkönigin", zu wählen.

Bedingungen:

- Die Bewerberinnen müssen aus dem Spreewald kommen.
- Sie müssen eine original Spreewaldtracht tragen.
- Sie müssen ein Töpfchen eingelegter Gurken nach alter Rezeptur mitbringen.
- Die Gurken müssen aus dem Spreewald kommen.
- Es dürfen keine Aromen verwendet werden (die Vielfalt der Spreewaldkräuter und Gewürzpflanzen geben den entscheidenden Geschmack).
- Die eingelegten Gurken müssen angenehm vom Äußeren und „schnurpzig" sein, wie eine junge Spreewälderin.
- Die Jury, erfahrene Sprewälderinnen und Spreewälder, vor allem aber das Publikum entscheiden, welches die beste Rezeptur, also die wohlschmeckendste Gurke ist.
- Diese Gurke ist für 1 Jahr die „Königsgurke".

Die „Königsgurke" ist patentiert und darf nur vom Gurkenmuseum in Lehde verkauft werden

Rezepte

rund um die Gurke

Suppen

Gurkensuppe Spreewälder Art

2 – 3 große Gurken
1 Tomate
1 – 1,5 Liter Fleischbrühe
Mehl
Zitrone
Zucker
Salz & Pfeffer
geröstete Semmelstücke

Und so wird's gemacht:

Die gewaschenen Gurken schälen, entkernen und weich kochen. Anschließend mit einer Tomate durch ein Sieb streichen. Dieses Püree mit 1 bis 1,5 Liter Fleischbrühe verkochen und mit Mehl bündig machen. Anschließend mit etwas Zitronensaft, Salz, Pfeffer und 1 Teelöffel Zucker würzen.

Mit angerösteten Semmelstückchen garnieren.

Lassen Sie sich's schmecken!

Kalte Gurkensuppe

für ca. 3 Personen

600 g Gurke
80 g Lauchzwiebeln
3 EL Dill
3/8 Liter Hühnerbrühe
400 g Sahne
etwas Pfeffer und Salz
Chilipulver & Knoblauch
3 Toast
20 g Butter

Und so wird's gemacht:

Gurke schälen, längs halbieren und entkernen. 3/4 der Gurke grob zerkleinern. Restliche Gurke in ganz feine Würfel schneiden.
Lauchzwiebeln putzen, waschen und grob zerteilen. Dill kurz unter fließend Wasser abspülen, trocken schütteln und grob hacken. Hühnerbrühe (am besten einen Tag vorher zubereiten) zum Kochen bringen. Grob zerkleinerte Gurke, Lauchzwiebeln und Dill in die Hühnerbrühe geben. Deckel auflegen und ca. 5 min. bei mittlerer Temperatur köcheln lassen. Suppe abkühlen lassen und mit dem Gemüse pürieren. Sahne zufügen und mit frisch gemahlenem Pfeffer, Salz, Chilipulver und durchgepresstem Knoblauch würzen. Die Suppe bis zum Servieren kalt stellen. 3 Scheiben Toast in kleine Würfel schneiden. In einer Pfanne Butter erhitzen, etwas Knoblauch und Salz zufügen und die Toastwürfel bei mittlerer Temperatur knusprig braten. Kleine Gurkenwürfel in die Gurkensuppe geben und mit Toast-Croutons bestreuen.

Die Suppe eiskalt servieren

Gurkensuppe für heiße Tage

eiskalt servieren

2 bis 3 große Gurken
1/2 Liter saure Sahne
1/4 Liter ungesüßte, geschlagene Sahne
Zitrone & Zucker
Salz & Pfeffer

Und so wird's gemacht:

Die gewaschenen Gurken schälen und ganz klein hacken. Aus der Pfeffermühle weißen Pfeffer dazugeben und gut salzen.
Etwa nach 3 Stunden gut durchkneten damit sich viel Fruchtsaft bildet. Etwas saure Sahne zugeben und mit einer gestoßenen Knoblauchzehe verfeinern. Vor dem Servieren durchseien und mit wenig ungesüßter geschlagener Sahne anrichten. Etwas Zitrone und eine kleine Prise Zucker verfeinern den Geschmack.

Ein Dillsträußchen sollte nicht fehlen.

Salate

Gurken-Tomaten-Paprika-Salat

6 Tomaten
1/2 Schlangengurke
2 Paprikaschoten
3 EL Essig
2 EL Sonnenblumenöl
Salz, Pfeffer
eine Prise Zucker
eine Zwiebel

Und so wird's gemacht:

6 Tomaten waschen, den Stilansatz entfernen, die Tomaten grob würfeln. Die Gurke schälen, und würfeln.
Die Papriakschoten waschen, halbieren, entkernen und würfeln.
Tomaten, Gurke und Paprika vermischen.
Für die Sauce zu 3 Esslöffeln Essig langsam unter Rühren

2 Esslöffel Sonnenblumenöl zugeben und mit Salz und Pfeffer kräftig abschmecken. Eine kleine Prise Zucker verfeinert den Geschmack.
1 rote Zwiebel, geschält und feinst gewürfelt, unter die Tunke mischen. Die Tunke über den Salat gießen und alles vermischen.

Mit frisch gehackten Kräutern anrichten.

Gurken-Birnen-Salat

Salatgurke
4 saftige Birnen
eine Zitrone
2 EL vorgequollene Rosinen
2 EL gehackte Haselnüsse
Zucker

Und so wird's gemacht:

Gurke und Birne schälen.
Die Gurken ohne das grobe Kernfleisch, die Birnen ohne das Kernhaus kleinwürfelig schneiden, sofort mit Zitronensaft beträufeln und die übrigen Zutaten untermischen.
Eine kleine Prise Zucker, ein Körnchen Salz und ein Schuß Portwein verfeinern den Salat.

Gurkensalat in Dillsahne

- 2 Salatgurken
- Salz
- Pfeffer
- 2 EL Essig
- 1 TL Senf
- fein geschnittenen Dill
- 4 - 5 EL saure Sahne

Und so wird's gemacht:

Die Salatgurken schälen und in Scheiben schneiden.
Danach Salz, Pfeffer, Essig, Senf, Öl und Dill hinzufügen und dann verrühren.
Anschließend mit Sahne vermengen.
Das alles etwa eine halbe Stunde durchziehen lassen.
Mit 1 EL Spreewälder kaltgeschlagenem Leinöl servieren.

Und fertig!

Gurken

verschiedene Variationen

Salzgurken

aus Lehde

3 kg kleine, feste Gurken
6 Weinblätter
2 lange Stengel Dill mit Dolden
Weinrebe und Sauerkirschblätter
frischer Estragon
Zwiebelringe
2 handvoll Salz
5 Liter Steinguttopf

Und so wird's gemacht:

Die Gurken waschen, abspülen und abtrocknen, mit Salz einreiben und über Nacht stehen lassen. Das Sticheln nicht vergessen.
Den Boden des Topfes mit den Wein- und Kirschblättern belegen. Die Gurken abwechselnd mit Dill, Estragon und Zwiebeln fest hineinschichten.
Mit Salzlösung (50 g Salz auf 1 Liter Wasser) übergießen. Die Gurken müssen von der Lösung gut bedeckt sein. Jetzt alles mit einem Stein oder Brettchen beschweren. Den Topf zugedeckt mit einem Tuch etwa 6 - 10 Tage in der Küche stehen lassen.
Dann müssen die Gurken an einen kühleren Ort.
Die Gurken bekommen jetzt ein glasig-grünes Aussehen und riechen sauer. Die Flüssigkeit ist leicht milchig und an der Oberfläche bildet sich eine dünne Schimmelschicht, die man abschöpfen kann. (Milchsäuregärung)
Wichtig ist, daß die Gurken immer gut mit Lake bedeckt sind.

Einfach ausprobieren, es schmeckt prima!

Dillgurken (scharf)

aus Lehde

- 3 kg kleine, feste Gurken
- 6 Weinblätter
- 6 Stengel frischen Dill
- je 10 Pfefferkörner weiß und schwarz
- 3 Lorbeerblätter
- 2 handvoll Salz
- 2 Pepperoni
- 4 Kirschblätter
- 5 Liter Steinguttopf

Und so wird‘s gemacht:

Die Einlegegurken waschen, abspülen, abtrocknen und sticheln

Den Boden des Steinguttopfes mit gehacktem Dill und den Weinblättern belegen. Die Gurken abwechselnd mit dem grob zerhackten Dill fest hineinschichten, die übrigen Gewürze dazwischen streuen.

Das Salz in 4 Liter Wasser aufkochen, erkalten lassen. Dann über die Gurken gießen. Sie müssen von der Lösung gut bedeckt sein.

Tipp:
Mit einem Teller oder Holzdeckel, der mit einem Stein beschwert ist, zudecken.

Bohnenkraut
Satureja hortensis
Estragon
Artemisia dracunculus
Basilikum
Ocimum basilicum

Dillgurken (scharf)

aus Lehde

- 3 kg kleine, feste Gurken
- 6 Weinblätter
- 6 Stengel frischen Dill
- je 10 Pfefferkörner weiß und schwarz
- 3 Lorbeerblätter
- 2 handvoll Salz
- 2 Pepperoni
- 4 Kirschblätter
- 5 Liter Steinguttopf

Und so wird's gemacht:

Die Einlegegurken waschen, abspülen, abtrocknen und sticheln

Den Boden des Steinguttopfes mit gehacktem Dill und den Weinblättern belegen. Die Gurken abwechselnd mit dem grob zerhackten Dill fest hineinschichten, die übrigen Gewürze dazwischen streuen.

Das Salz in 4 Liter Wasser aufkochen, erkalten lassen. Dann über die Gurken gießen. Sie müssen von der Lösung gut bedeckt sein.

Extra - Tipp zum Verfeinern
2x Walnussblätter
2x Weinblätter
etwas Muskat

Tipp:
Mit einem Teller oder Holzdeckel, der mit einem Stein beschwert ist, zudecken.

Blitz - Gurken
(aus Lübbenau)

- 12 Salatgurken
- 10 weiße große Zwiebeln
- 2 Stiele Thymian
- 250 g Senfkörner
- 10 Pimentkörner
- 10 Pfefferkörner
- 2 Zehen Knoblauch

Und so wird's gemacht:

Lake aus Wasser, Salz, Essig und einer Prise Zucker nach Geschmack einrühren.

Gurken schälen und in Scheiben schneiden (ca. 1 cm dick), kräftig einsalzen und über Nacht stehen lassen, abspülen, Gewürze und Gurken mixen.

Mit heißer Lake übergießen.

Schnellgurken
(aus Lübbenau)

1 kg Gurken
2 TL Salz
2 EL Zucker
6 EL Essig
1 große Zwiebel
frische Kräuter
(Thymian, Dill, Senfkörner)

Und so wird's gemacht:

Eine große Schüssel nehmen.
Gurken schälen und in Scheiben schneiden.

Diese in die Schüssel geben und Salz, Zucker, Essig und die frischen Kräuter hinzufügen.

Zwiebel in Ringe schneiden und auch in die Schüssel geben. Deckel auf die Schüssel und ein paar Stunden ziehen lassen.

Und fertig!

Boblitzer Senfgurken

- 5 kg Schälgurken
- 12 EL Zucker
- 200 g Senfkörner
- 3Stiele Thymian
- 375 ml Weinessig
- 3 EL Salz
- 6 weiße mittlere Zwiebeln
- 1/2 mittlere Stange Meerrettich
- Gläser zum Einwecken

Und so wird's gemacht:

Die Gurken waschen und schälen.
Das Kernfleisch ausschaben und die Gurken in Stücke schneiden.Zwiebeln in Ringe schneiden.

Meerrettich putzen und in kleine Stücke schneiden. Gurken, alle Zutaten und Gewürze vermengen und über Nacht ziehen lassen.

Jetzt hat sich der eigene Saft gebildet.
Nun alles in Gläser auffüllen und 10 Minuten einkochen.

Einfach köstlich!

Schnellgurken (scharf)

(aus Boblitz)

1 kg Salatgurke
6 EL Essig
3 EL Zucker
1 EL Salz
1 EL Senfkörner
2 rote Zwiebeln
2 Zehen Knoblauch
2 Pepperoni

Und so wird's gemacht:

Gurken schälen und in dünne Scheiben schneiden.
Zwiebeln in Ringe schneiden.

Alle Zutaten mit Gurken und Zwiebeln in einer Schüssel vermischen.

4 - 5 Stunden ziehen lassen.

Guten Appetit!

Salzgurken

(aus Neuzauche)

- 5 kg Einlegegurken
- 150 g Weinblätter
- 150 g Dill
- 100 g Meerrettich
- 4 l Wasser
- 200 g Salz

Und so wird's gemacht:

Gurken waschen, abbürsten und mit einer dünnen Stricknadel durchstechen. Steintopf mit Weinblättern auslegen.

Gurken mit Dill, Meerrettich und Weinblättern in den Steintopf einschichten.

Wasser mit dem Salz vermischen und über die Gurken gießen. Die Gurken mit einem Teller und einem sauberen Feldstein beschweren.
6 - 8 Tage ziehen lassen.

Guten Appetit!

Gewürzgurken
(aus Neuzauche)

2,5 kg Einlegegurken
3/8 Liter Weinessig
20 Pfefferkörner
30 g Bohnenkraut
30 g Meerrettich
1 1/2 Liter Wasser
30 g Senfkörner
20 Pimentkörner
2 rote Zwiebeln
30 g Dill
3 EL Salz
6 EL Zucker

Und so wird's gemacht:

Gurken waschen, abbürsten und sticheln.
Zwiebeln in Ringe schneiden.

Gurken, Zwiebelringe, Dill, Bohnenkraut und Meerrettich in einen Steintopf einschichten. Übrige Gewürze mit dem Wasser aufkochen und über die Gurken gießen.

2 - 3 Tagen ziehen lassen, dann kann man die Gurken essen.

Guten Appetit!

Meerrettich
Armoracia rusticana

Gewürzgurken

(aus Altzauche)

Schraubgläser
3 kg kleine, feste Gurken
Gewürze wie unten
beschrieben

Und so wird's gemacht:

3 kg kleine, feste Einlegegurken in Schraubgläsern schichten.

Dazu pro Glas:
1-2 TL Senfkörner
frischer, gehackter Dill,
1 Zwiebel in Scheiben
6 Gewürzkörner
eventuell Estragon
eventuell 1/4 Lorbeerblatt
5 Pfefferkörner weiß

Diese Gewürze zusammen aufkochen:

1 l	Essig
5 l	Wasser
2	handvoll Salz
500 g	Zucker

Erkaltete Lake so darüber gießen, dass die Gurken vollständig bedeckt sind.
Eine knackig, leckere Ergänzung für die Speisekammer!

Gewürzgurken

(aus Burg)

3 kg Einlegegurken
4 Liter Wasser
100 ml Essig Essenz verdünnen 1 : 4
1 bis 2 Teelöffel Senfkörner
frischer, gehackter Dill
5 Zwiebeln in Scheiben
5 Pfefferkörner
3 Pimentkörner
1 Lorbeerblatt

Essiggurken

3 kg Einlegegurken
4 Liter Wasser
700 g Zucker
200 g Salz
0,5 l Weinessig 10 %
0,5 l Weinessig 5 %

Senfgurken

5 kg Schälgurken
4 l Wasser
14 Esslöffel Zucker
150 g Senfkörner
350 ml Weinessig
3 - 4 Zwiebeln
Dill
4 Stiele Thymian
Salz nach Geschmack

Schnellgurken

(aus Burg)

1 kg grüne Gurken
2 Zwiebeln
1 TL Salz
3 EL Zucker
3 EL Senfkörner
2 Lorbeerblätter
5 Pfefferkörner
2 EL Weinesseig
2 EL frisch gehackte Kräuter

Und so wird's gemacht:

Die Gurken schälen und in Scheiben schneiden. Salz, Senfkörner, Zucker und Essig in einer Tasse miteinander vermengen. Zwiebeln in Ringe schneiden.

Gurken schichtweise in die Schüsseln legen und jeweils mit Zwiebelringen, Pfefferkörnern, 2 Lorbeeblättern und Kräutergemisch auffüllen.

Alle 5 Stunden gut durchrühren und eine Nacht stehen lassen.

Danach sind die Gurken tafelfertig.

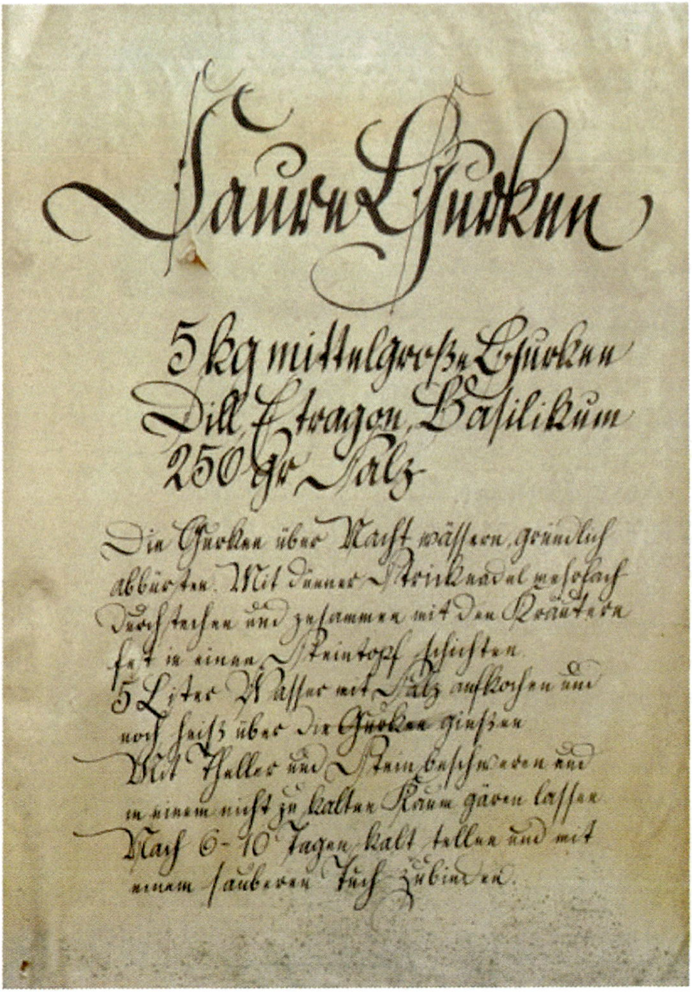
Saure Gurken

5 kg mittelgroße Gurken
Dill, Estragon, Basilikum
250 gr Salz

Die Gurken über Nacht wässern, gründlich abbürsten. Mit dünner Stricknadel mehrfach durchstechen und zusammen mit den Kräutern fest in einen Steintopf schichten.
5 Liter Wasser mit Salz aufkochen und noch heiß über die Gurken gießen
Mit Teller und Stein beschweren und in einem nicht zu kalten Raum gären lassen
Nach 6-10 Tagen kalt stellen und mit einem sauberen Tuch zubinden.

Saure Gurken

(aus Raddusch)

5 kg mittelgroße Einleger
5 l Wasser
250 g Salz
Dill
Estragon
Kirschblätter
Nußblätter

Und so wird‘s gemacht:

Die Gurken putzen, waschen und mit einer Nadel durchstechen.
Die Gewürze in einen Topf schichten, eine Schicht Gurken drauf legen, wieder Gewürze, wieder Gurken und zum Schluß wieder Gewürze.

Das ganze mit einem Unterteller und einem Stein beschweren und 14 - 21 Tage gären lassen.

Saure Gurken:

Gurken über Nacht wässern, abbürsten, mit dünner Stricknadel mehrfach durchstechen. Mit Dill, Estragon, Basilikum in Steintöpfe schichten.
Wasser mit Salz aufkochen und heiß über die Gurken gießen. Gurken mit Teller und/oder Stein beschweren. Gären lassen. Nach 6 bis 10 Tagen, wenn sich Blasen zeigen, Töpfe mit Tüchern zubinden.
Auch Zwiebeln, Bohnenkraut, Weinlaub, Kirsch- und Nußblätter finden beim Einlegen der sauren Gurken Verwendung. So ziehen Nußblätter aus bitteren Gurken die Bitterstoffe.

Senfgurken:

Feste gelbe Gurken schälen, halbieren, Kernfleisch mit einem Löffel ausschaben. Die Gurken in Streifen schneiden, mit Salz bestreuen und 24 Stunden kühl stellen. Die Flüssigkeit ablaufen lassen, die Gurkenstücke abtrocknen und mit Zwiebelscheiben, Meerrettichwürfeln, Senfkörnern, Dill und Estragon in Fässchen schichten. Mit erkalteter Essiglösung übergießen.

Gewürzgurken:

Kleine Gurken 1 Stunde wässern, bürsten, abtropfen lassen, mit einer Nadel mehrfach einstechen. Mit Zwiebelscheiben, Meerrettichwürfeln und Dill in Gläser schichten. Erkaltete Essiglösung aufgießen.

Tipp:
Bei der Zusammenstellung der Zutaten und der jeweiligen Anteile muß jeder seinen eigenen Geschmack herausfinden.

Gerichte

Fährmannsessen „Moppel-Poppel"

(für etwa 4 Personen)

2 Salatgurken
Salz
Pfeffer
1 Prise Zucker
Essig nach Geschmack
1 EL Koals Kräutersenf
1/4 Liter saure Sahne
frisch gehackten Dill nach

Und so wird's gemacht:

Gurken schälen und mit dem groben Gurkenhobel in Scheiben schneiden.

Restliche Zutaten dazugeben, etwa 1 Stunde durchziehen lassen und abschmecken.

Je Person 3 frisch gekochte Salzkartoffeln in eine Schüssel geben und den Salat darüber geben.
Mit 2 Esslöffeln kaltgeschlagenem Lausitzer Leinöl servieren.

Guten Appetit!

Schmorgurken Spreewälder Art

1 kg fleischige Gurken
1/4 L Fleischbrühe
1 TL Kartoffelmehl
40 g Speck
1 TL Zucker
1 Zwiebel
1 EL Mehl
Pfeffer, Salz, Essig
bei Bedarf Tomaten

Und so wird's gemacht:

Die Gurken schalen, entkernen und in fingerlange und zweifingerbreite Stücke teilen. Salzen, mit Essig beträufeln und etwa 30 Minuten ziehen lassen.

Geschnittene Tomaten gut durchbraten.
Dann die Gurken mit ihrem Saft, der Fleischbrühe und der Zwiebel hinzufügen und garkochen lassen.
Speck anbraten, Grieben entfernen.

Im Fett Zucker und Mehl bräunen, mit der Gurkenbrühe auffüllen und gut durchkochen.
Pikant abschmecken und wenn nötig mit Kartoffelmehl eindicken. Beim Anrichten die Speckgrieben obenauf streuen.

Dazu reichen Sie Stampfkartoffeln.

Gurkengemüse

Speck
Zwiebeln
Salatgurke
Paprikaschoten
Sahne
Tomaten
Essig
Zucker
Dill

Und so wird‘s gemacht:

Den Speck in Würfel schneiden. Die Zwiebeln schälen und zerkleinern, dann zusammen mit dem Speck anbraten.

Die Gurken und die Schoten waschen und zerkleinert in die Pfanne zugeben und andünsten.

Etwas Wasser zugießen und 10 min. schmoren. Tomaten brühen und häuten und dann zerkleinern und zugeben.

Mit wenig Mehl bestäuben und mit Sahne, Essig und Zucker abschmecken.
Zum Schluss noch etwas klein gehackten Dill darüber streuen und fertig.

Gefüllte Schmorgurken

2 - 4 dickfleischige Gurken
200 g Gehacktes
50 g Weißbrot
1 Ei
1 kleine rote Zwiebel
1/4 Liter Brühe
Salz, Pfeffer, Räucherspeck

Und so wird's gemacht:

Je nach Größe 2 bis 4 Gurken schälen, längs halbieren und das Kernfleisch ausschaben.

Das Gehackte mit dem eingeweichten, ausgedrückten Weißbrot, dem Ei und der kleingeschnittenen Zwiebel vermischen.

Die Masse mit Salz und Pfeffer würzen, die Gurkenhälften damit füllen und zusammenbinden.

In Speck anbraten, die siedende Brühe hinzugießen und die Gurken schmoren bis sie glasig sind.

Wenn nötig etwas Brühe auffüllen und nach Belieben mit kalt angequirltem Mehl binden.
Mit frischem Dill garnieren.

Omi's Schlemmergurke

300 g Pfifferlinge
1 Schmorgurke
40 g Speck
1 Zwiebel
100 g frisches Gemüse in kleinen Streifen
70 g Butterkäse
1 EL Dill

Und so wird's gemacht:

Die Pfifferlinge putzen, große Pfifferlinge der Länge nach halbieren.
Die Schmorgurke ebenfalls putzen, waschen und dann in kleine Würfel schneiden.
Den Speck in Würfel schneiden und mit Pfifferlingen und Gurke anbraten.
Die Zwiebel schälen und ebenso in Würfel schneiden und anbraten.
Das Gemüse zufügen und 5 - 10 Minuten schön schmoren lassen.
Jetzt den Dill kleinhacken und davon 2 Esslöffel über die Pfanne streuen.

Spreewälder Gurkensoße

(sehr gut an Hering und Pellkartoffeln)

20 g Butter
20 g Mehl
1/4 Liter Fleischbrühe
ca. 6 - 8 Gewürzgurken
(selbst eingelegte sind am Besten)
Salz & Pfeffer
Zitronensaft
ein bischen Zucker
Weißwein
Saure Sahne & 2 rote Zwiebeln

Und so wird's gemacht:

Butter erhitzen und die gewürfelte Zwiebeln anschwitzen.
Das Mehl dazugeben und leicht anbräunen, mit Fleischbrühe auffüllen und leicht köcheln lassen (ca. 3 - 5 min. ständig rühren).
Die gewürfelten Gurkenstücke dazugeben und mit Gewürzen und Weißwein abschmecken, danach nochmals kurz erhitzen.

Gurkentopf

Internationale Rezepte

Russische Gurken-Hirseblini

(für 14 - 16 Blini)

Hirse, Vollkornmehl und
Buchweizenmehl je 100 g
1/2 TL Zucker & 1/2 TL Salz
15 g frische Hefe
1-2 Frühlingszwiebeln
1/2 Bund Schnittlauch
ca. 4 saure Gurken
1 TL grober Senf
schwarzer, weißer Pfeffer
250 g flüssige saure Sahne

Und so wird's gemacht:

Die Hirse im Sieb 2 - 3 mal mit kochendem Wasser überbrühen, in 1/4 l Wasser 15 min. kochen, im Sieb abtropfen und abkühlen lassen.
Hirse, Mehl, Zucker und Salz mischen und mit der Hefe in 1/2 l warmem Wasser zu einem Teig rühren.
Den Teig ca. 2 Stunden an einem warmen Ort gehen lassen. (1 - 2 mal zwischendurch rühren, der Teig ist gut wenn er ständig deutliche Blasen wirft)
Die Zwiebeln in feine Scheiben schneiden, mit geschnittenem Lauch, Senf und Gurken mischen und unter den Teig heben.
Das Öl in beschichteter Pfanne erhitzen, 2 - 3 Esslöffel Teig pro Blini in die Pfanne geben und von beiden Seiten goldbraun backen. Je nach größe der Pfanne können Sie 3 - 4 Blini zugleich backen.

Mit Saure Sahne, Pfeffer, Salz als Dip servieren.

Indisches Gurken-Joghurt-Lassi

500 g Naturjoghurt
1/2 Glas kaltes Wasser
etwas Salz
2 – 3 Gewürzgurken gewürfelt
(natürlich die original Spree-
wälder, bei Bedarf auch nach
eigenem Rezept eingelegt)
ca. 1/2 TL Kreuzkümmel
(gemahlen)
ein paar Tropfen Zitronensaft

Und so wird's gemacht:

Alle Zutaten vermengen, in Schalchen oder Gläser füllen und als Calcium-reiche Beilage zum kalten Buffet servieren.

Die Gurke und ihre Wirkung auf die Schönheit

Die schönsten Mädchen kommen aus dem Spreewald. Nicht nur die herrliche Natur, der Wasserreichtum, die saubere Luft und die gesunde Kost sind dafür ausschlaggebend.

Die Ruhe und Ausgeglichenheit kommt aus der Vielzahl der Wasserläufe und der Abhängigkeit vom Kahn. Mit dem Kahn unterwegs ist es immer günstig das Handy zu Hause zu lassen.

Der Anruf kann noch so wichtig sein, man hat nur die Wahl hinterher zu schwimmen, durch den Sumpf zu stapfen oder bis zur Ankunft im Dorf Ruhe zu bewahren.

Ist man müde und abgespannt, liegt die Stirn in Falten, lege man frische Gurkenschalen auf und man fühlt sich nach kurzer Zeit frisch und entspannt.

Der Genuß von original Spreewälder Gurken wirkt immer beruhigend und entspannt die Nerven.

Probieren Sie es aus!

Getränke

Gurkenbowle

5 EL Zucker
5 EL Wasser
1 Salatgurke
2 Flaschen Weißwein
Selterwasser oder
1 kleine Flasche Sekt

Und so wird's gemacht:

Zucker und Wasser zusammen aufkochen. Die Gurke schälen und in dünne Scheiben schneiden.

Dann die Gurken mit der abgekühlten Zuckerlösung und 1/2 Flasche Wein begießen.

Zugedeckt 1 Stunde stehen lassen und dann zu dem restlichen Wein geben, dazu noch Selterwasser oder Sekt geben.

Tipp:
Durch den Saft von 1 Apfelsine kann man die Bowle noch verfeinern.

Gurken - Melonen - Drink

3 Beutel Tee Pfefferminztee
450 g Wassermelonen
300 g Salatgurke
30 g frischer Ingwer
500 g Kefier
Salz

Und so wird's gemacht:

Die Teebeutel mit 500 ml kochendem Wasser übergießen und 10 Minuten ziehen lassen. Dannach die Beutel entfernen und den Tee abkühlen lassen.
Die Wassermelone entkernen und und das Fruchtfleisch ohne Schale bereitstellen. Die Salatgurken waschen und schälen. Beides grob in Stücke schneiden. Den Ingwer vorsichtig schälen und in dünne Scheibchen oder Stifte schneiden. Melonen und Gurkenstücke mit dem Tee und dem Kefir in einem Mixer fein pürieren.
Ingwer zugeben und mit Salz abschmecken, noch mal kurz pürieren und in Gläsern kalt servieren.

Tipp:
Ein spritzer Zitrone oder Orangensaft rundet das fruchtige Aroma ab.

Gurkenschnapps

5 kleine grüne Gurken mit Blüte
Primasprit
Knoblauch
Thymian
1 Prise Zucker
1 Prise Salz
1 kleine Hand voll Pfefferkörner

Und so wird's gemacht:

Gurken waschen und hacken.
Mit den Gewürzen vermischen, Primasprit auffüllen und kurz aufkochen, 2 Tage stehen lassen und dann abgießen.

Nach dem Erkalten in Flaschen füllen und je nach Geschmack

- 1 kleine Blütengurke,
- 1 Peperoni und
- 1 Stiel Thymian in die Flasche geben.

Zum alsbaldigen Verbrauch bestimmt. Prost!

Gurkenköniginnen

Bereits gekrönte Mädchen

1. Gurkenkönigin 1999
Sigrid Lumpe

2. Gurkenkönigin 2000
Anja Krüger

3. Gurkenkönigin 2001
Melanie Wentow

Bereits gekrönte Mädchen

4. Gurkenkönigin 2002
Stefanie Buchan

5. Gurkenkönigin 2003
Jessica Jedro

6. Gurkenkönigin 2004
Mandy Lehmann

Bereits gekrönte Mädchen

7. Gurkenkönigin 2005
Franziska Brodack

8. Gurkenkönigin 2006
Susanne Beesk

9. Gurkenkönigin 2007
Theresia Kuba

Bereits gekrönte Mädchen

10. Gurkenkönigin 2008
Franziska Trautmann

11. Gurkenkönigin 2009
Clara Lucia

Ein herzliches Dankeschön gilt allen Gurkenköniginnen, den Kandidatinnen sowie den erfahrenen Bäuerinnen aus Lehde, Leipe und Lübbenau für ihre freundliche Unterstützung.